Das Ultimative *Zebrabuch* für Kids

100+ unglaubliche Fakten über Zebras, Fotos, Quiz und mehr

Jenny Kellett

Copyright © 2022 by Jenny Kellett

Zebras: Das Ultimative Zebrabuch für Kids
www.bellanovabooks.com

ISBN: 978-619-7695-37-3

PAPERBACK

Bellanova Books

Alle Rechte vorbehalten. Kein Teil dieses Buches darf ohne schriftliche Genehmigung des Autors in irgendeiner Form elektronisch oder mechanisch vervielfältigt werden, auch nicht durch Fotokopieren, Aufzeichnen oder Speichern und Abrufen von Informationen..

Inhalt

Einführung	4
Zebras: Die Grundlagen	7
Eigenschaften	14
Das tägliche Leben der Zebras	26
Zebras: Unterarten	43
Grevyzebra	44
Steppenzebra	46
Bergzebra	48
Von der Geburt bis zum Erwachsensein	52
Zebras in der Populärkultur	64
Zebras: Naturschutz	74
Zebra-Quiz	78
Antworten	82
Wortsuche	84
Quellen	87

Einführung

Die schönen, kräftigen Streifen des Zebras machen es zu einem der bekanntesten Tiere der Welt. Zebras sind bei Zoo- und Safaribesuchern sehr beliebt, aber sie sind viel mehr als nur Pferde mit Streifen! Dieses Buch wirft einen genaueren Blick auf eines der schönsten Tiere Afrikas und du erfährst mehr über ihr Verhalten, ihre Eigenschaften und ihre Probleme.

Zum Schluss kannst du dein neues Wissen in unserem Zebra-Quiz testen! Bist du bereit? *Los geht's!*

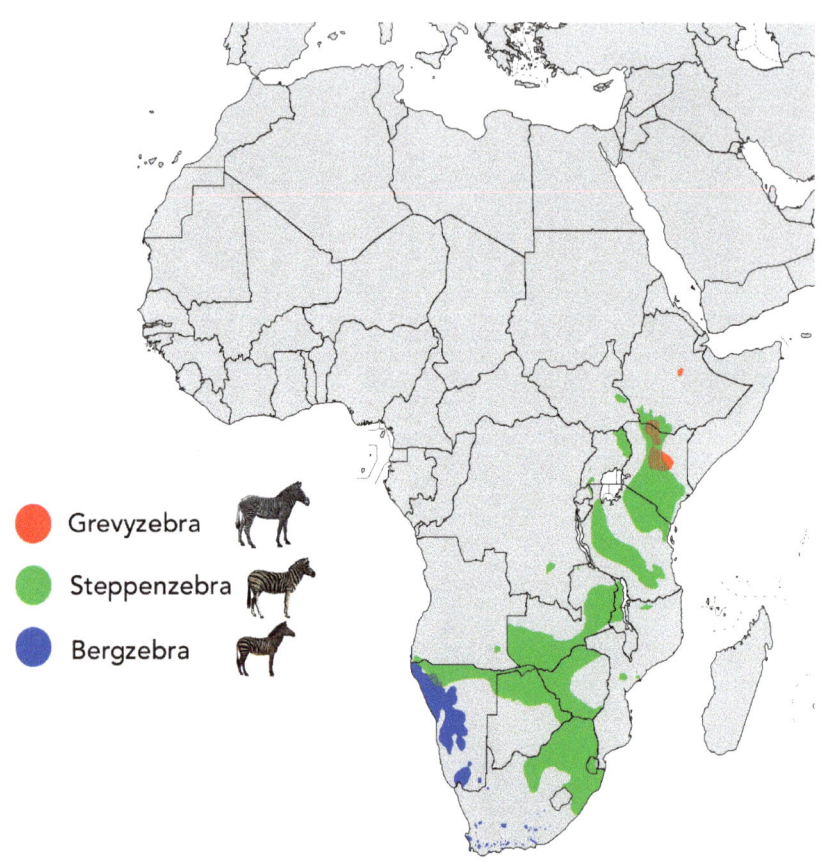

Verbreitungsgebiet der Zebraarten.

Urheberrechte © Mario Massone

Zebras: Die Grundlagen

Was sind Zebras und wo leben sie?

Zebras leben im östlichen und südlichen Afrika. Ihre Lebensräume sind sehr vielfältig und umfassen Savannen, Buschland, Wälder, Grasland und Bergregionen.

• • •

Zebras gehören zur gleichen Familie "*Equus*" wie Pferde und Esel. Im Gegensatz zu ihren engen Freunden wurden Zebras jedoch nie richtig domestiziert.

Vor etwa 2,8 Millionen Jahren waren Zebras und Esel dieselben Tiere. Zu dieser Zeit begannen sich die Zebras zu dem zu entwickeln, was sie heute sind – und etwa eine Million Jahre später tauchten die drei Arten auf.

• • •

Die alten Griechen und Römer nannten das Zebra *Hippotigris*, was "Pferdetiger" bedeutet.

• • •

Fossilien von Zebra-Vorfahren wurden in China und Usbekistan entdeckt, was darauf hindeutet, dass sie vor über zwei Millionen Jahren in Asien lebten.

Ein Steppenzebra in Kenia.

Jedes Jahr wandern während der berühmten Serengeti-Wanderung über 75.000 Zebras vom Norden Tansanias zum Masai Mara Reservat in Kenia. Weitere, noch längere Wanderungen finden auch weiter südlich statt.

• • •

Weibliche Zebras werden **Stuten** und männliche Zebras **Hengste** genannt.

• • •

Da die Streifen jedes Zebras unterschiedlich sind, können Wissenschaftler ihre Muster wie Barcodes scannen, um sie in freier Wildbahn zu identifizieren. Dafür gibt es sogar spezielle Software!

Grevyzebras.

Ein Steppenzebra zeigt seine Zähne.

Steppenzebras spielen eine wichtige Rolle in ihrem Ökosystem. Sie sind oft die ersten Tiere, die ein verwildertes Grasland betreten und das alte, zähe Gras kurz und klein fressen. Dadurch kann jüngeres, zarteres Gras wachsen, das andere Weidetiere wie Gazellen und Gnus fressen können.

• • •

Wo Zebras leben, kann es ziemlich staubig werden. Zum Glück können sie ihre Nasenlöcher schließen, um den Sand draußen zu lassen!

• • •

Der Internationale Zebra-Tag wird jedes Jahr am 31. Januar gefeiert. Ziel ist es, das Bewusstsein für den Schutz der Zebras zu schärfen.

Zebra-Eigenschaften

Größe, besondere Merkmale und mehr.

Zebras haben ähnliche Körperformen wie Pferde: dicke Körper, dünne Beine und einen büscheligen Schwanz.

...

Das größte Zebra ist das **Grevyzebra**, das 350 bis 450 kg wiegt und das kleinste Zebra, ist das **Bergzebra** mit 204 bis 372 kg Gewicht.

Ein Bergzebra.

Ein Albino-Zebra in Kenia.

Zebras sind von Fuß bis Schulter zwischen 1 und 1,5 m groß.

• • •

Jedes Zebra hat ein einzigartiges Streifenmuster; keines ist wie das andere.

• • •

Sehr selten, doch Albino-Zebras wurden auf dem Mount Kenia gesichtet. Ihre Streifen sind nicht schwarz, sondern blond.

• • •

Zebras sind *Equiden*. Tatsächlich ist die Familie der Pferde das einzige lebende Tier mit nur einem Zeh.

Wissenschaftler/innen wissen nicht genau, warum Zebras Streifen haben. Es gibt viele Theorien, unter anderem, dass sie Raubtiere verwirren - besonders wenn sie in großen Gruppen unterwegs sind. Löwen sind farbenblind, deshalb kann es verwirrend sein, wenn sie ein Zebra sehen und alles schwarz und weiß ist!

...

Die kurze Mähne des Zebras steht aufrecht.

...

Zebras haben Zähne, die zum Grasen bestimmt sind. Ihre großen Schneidezähne eignen sich perfekt zum Schneiden von Gras, während ihre geriffelten Backenzähne das Zermahlen und kauen übernehmen.

Unter ihrem Fell ist die Haut der Zebras schwarz!

Männliche Zebras haben einzigartige spatenförmige Zähne, die sie im Kampf einsetzen können.

...

Die Augen der Zebras befinden sich hoch oben auf dem Kopf und an der Seite, sodass sie beim Grasen über hohes Gras schauen können.

...

Anders als bei Pferden oder Eseln sind die Vorderbeine des Zebras länger als die Hinterbeine.

...

Zebras werden in freier Wildbahn etwa 20 Jahre alt. In Gefangenschaft leben sie oft länger.

Zebras, insbesondere Bergzebras (natürlich!), sind großartige Kletterer.

• • •

Manche Zebras haben Flecken statt Streifen! Obwohl selten, doch es wurden gefleckte Zebras in freier Wildbahn gesichtet – darunter ein schwarz-weiß geflecktes Zebra-Fohlen namens Tira, das im kenianischen Masai Mara National Reserve geboren wurde.

• • •

Die Hufe der Bergzebras sind härter und schärfer als die anderen Arten, was ihnen dabei hilft, das zerklüftete Berggelände hoch und runter zu klettern.

Steppenzebras in Botswana.

Je weiter man in Afrika nach Süden geht, desto weniger Streifen haben die Steppenzebras an den Beinen – das hilft Wissenschaftlern, die verschiedenen Unterarten zu unterscheiden. Sie sind sich aber nicht sicher, warum das so ist.

...

Der beste Weg, die drei Zebraarten voneinander zu unterscheiden, ist ein Blick auf ihren Hintern! Schaue dir die Bilder in diesem Buch genauer an und versuche, diese Unterschiede zu erkennen: Bergzebras haben ein "Gittermuster" aus kleinen Streifen über dem Schwanz, Steppenzebras haben breitere Streifen auf dem Rücken und Grevyzebras haben ein dreieckiges Muster auf dem Rücken und viele kleinere Linien in der Nähe des Schwanzes.

Steppenzebras beim Trinken im Kruger National Park.

Das tägliche Leben der Zebras

Was machen Zebras den ganzen Tag?!

Zebras sind grasende **Pflanzenfresser** (Vegetarier), was bedeutet, dass sie nur Pflanzen fressen. Sie sind jedoch nicht übermäßig wählerisch in Bezug auf ihre Nahrung und können mit minderwertiger Nahrung überleben.

• • •

Zebras verbringen fast den ganzen Tag auf der Weide. Sie sind ständig in Bewegung, auf der Suche nach frischem Gras, Büschen und Wasser.

Steppenzebras beim Grasen im Tarangire-Nationalpark, Tansania.

Eine Zebraherde in der Prärie.

Die Raubtiere der Zebras in freier Wildbahn sind Löwen, Leoparden, Geparden und Hyänen. Wenn sie jedoch angegriffen werden, verteidigen sie sich mit Bissen und Tritten.

• • •

Eine enge, beständige Gruppe von Zebras wird **Harem** genannt. Eine größere Gruppe wird als **Herde bezeichnet**, und ein Gebiet, in dem sich eine Herde bevorzugt aufhält, nennt man ein **Territorium**.

Eine Blendung von Steppenzebras.

Ein Grevyzebra.

Eine Herde Zebras kann man auch als **Blendung** bezeichnen!

• • •

Manchmal kommen mehrere Zebraherden zusammen und bilden "**Superherden**", die aus Tausenden von Zebras bestehen.

• • •

Weibliche Zebras in einem Harem haben eine sehr starke Bindung; sie halten zusammen, selbst wenn das dominante Männchen stirbt.

Obwohl Grevyzebras dafür bekannt sind, weniger sozial zu sein, verbünden sie sich, wenn sie einem Raubtier gegenüberstehen.

Zebras treffen manchmal auf andere Weidetiere, wie Antilopen und Gnus. Sie grasen und wandern zusammen.

• • •

Wenn sich eine Herde oder ein Harem von Zebras einem Raubtier nähert, bilden die Zebras einen Halbkreis. Diese Formation hilft ihnen, größer und stärker auszusehen und hält das Raubtier hoffentlich ab.

• • •

Verschiedene Zebraarten verhalten sich in der Nähe anderer Zebras unterschiedlich. Berg- und Steppenzebras leben beispielsweise bevorzugt in beständigen Harems, während das Grevyzebra unabhängiger ist und oft alleine lebt.

Oft sieht man Berg- und Steppenzebras, die sich gegenseitig putzen; Dies ist ihre Art, sich zu verbinden.

· · ·

Zebras haben verschiedene Möglichkeiten, miteinander zu kommunizieren, darunter eine Reihe von Lauten, Gesichtsausdrücken und Körpersprache. Zum Beispiel wiehert ein Bergzebra wie ein Pferd, ein Steppenzebra bellt wie ein Hund und ein Grevyzebra macht Laute wie ein Esel.

Ein glückliches Zebra pustet beim Grasen manchmal Luft zwischen die Lippen. Während der Nacht bleibt mindestens ein Haremsmitglied wach, um nach Raubtieren Ausschau zu halten.

•••

Du wirst oft Zebras sehen, die sich im Staub, Wasser oder Schlamm wälzen oder ihre Haut zucken, um Fliegen oder Parasiten loszuwerden.

Zebras verbringen rund 60 Prozent ihres Lebens auf der Weide.

• • •

Du kannst ein Zebra nicht wie ein Pferd oder einen Esel reiten, da Zebras ein ganz anderes Temperament haben und unberechenbar und potenziell gefährlich sind.

• • •

Zebras können im Stehen schlafen, was sie weniger anfällig für Raubtiere macht; wenn sie jedoch tief schlafen wollen, müssen sie sich hinlegen.

< **Ein Steppenzebra auf der Flucht.**

Zebras sind schnell! Sie können bis zu 65 km/h laufen!

· · ·

Obwohl Zebras wie friedliche Tiere aussehen, können sie bei Bedarf sehr aggressiv sein. Ihre Aggression beginnt, wenn sie sich vom Fohlen zum Erwachsenen entwickeln.

· · ·

Hengste können sehr territorial sein, besonders wenn es um Weibchen geht. Es ist bekannt, dass sie andere Zebras, die ihnen in die Quere kommen, mit ihren heftigen Tritten und scharfen Zähnen schwer verletzen oder sogar töten.

Steppenzebras kämpfen

Steppenzebra (*E. quagga*)

Dicke Streifen

Streifen reichen bis zum Bauch.

Grevyzebra (*E. grevyi*)

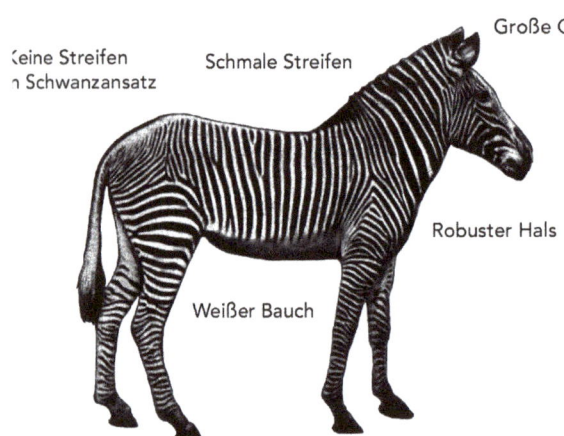

Keine Streifen n Schwanzansatz

Schmale Streifen

Große Ohren

Robuster Hals

Weißer Bauch

Bergzebra (*E. zebra*)

Horizontale Streifen am Hinterteil und am Schwanzansatz.

Mittelbreite Streifen.

Wamme

Weißer Bauch

Zebras: Arten

Es gibt drei lebende Zebraarten: das **Grevyzebra**, das **Steppenzebra** und das **Bergzebra**. Mit dem praktischen Leitfaden kannst du sie voneinander unterscheiden.

Zebras wurden in Gefangenschaft auch mit Pferden, Ponys und Eseln gekreuzt, um Zebroids, Zorses und Zonis zu zeugen.

Schauen wir uns die Unterschiede zwischen den einzelnen Arten genauer an!

Grevyzebra
Equus grevyi

Das Grevyzebra, ist die größte lebende Art der Familie Equidae (zu der auch Pferde und Esel gehören). Leider ist es die am stärksten bedrohte Zebraart und wird von der IUCN (Internationale Union zur Bewahrung der Natur) als gefährdet eingestuft.

Das Grevyzebra ist leicht von den anderen Arten zu unterscheiden: Es hat große Ohren, schmalere Streifen und ist größer. Außerdem haben sie keine Streifen am Schwanzansatz oder am Bauch.

Grevyzebras leben in halbtrockenem Grasland in Äthiopien und Kenia, wo sie bis zu fünf Tage

ohne Wasser auskommen können. Im Gegensatz zu anderen Arten lebt das Grevyzebra nicht in einem Harem. Stattdessen, streifen sie oft allein in großen, verstreuten Gruppen und gehen nur mit ihren Fohlen enge Bindungen ein. In jedem Territorium gibt es einen dominanten Hengst.

Das Grevyzebra wurde nach dem französischen König Jules Grévy benannt, nachdem er 1882 von dem König von Abessinien ein Zebra geschenkt bekommen hatte.

Steppenzebra
Equus quagga

Das Steppenzebra, auch **gewöhnliches Zebra** gennat, ist die am wenigsten bedrohte Zebraart. Sie sind weit verbreitet und leben in den meisten Teilen des südöstlichen Afrikas. Es gibt sechs Unterarten, die sich hauptsächlich nach ihrem Lebensraum unterscheiden. Vor dem 19. Jahrhundert gab es noch eine siebte Unterart, das **Quagga**. Leider wurde diese Art von europäischen Siedlern bis zum Aussterben gejagt.

Steppenzebras sind sehr gesellige Tiere und leben, wie Bergzebras, in Harems.

Ihr Lebensraum ist meist baumloses Grasland oder Savannen in heißen, tropischen bis gemäßigten Klimazonen.

Das Steppenzebra ist mittelgroß und hat breitere Streifen als die anderen Arten. Sie sind nicht territorial und wandern zwischen verschiedenen Gebieten, oft abhängig von der Jahreszeit und dem Zugang zu Wasser.

Bergzebra
Equus zebra

Das Bergzebra ist im südwestlichen Afrika heimisch. Sie werden von der IUCN als **gefährdet** eingestuft, d.h. sie sind vom Aussterben bedroht, wenn keine Schutzmaßnahmen ergriffen werden. Allerdings ist die Situation heute viel besser als früher. In den 1930er Jahren gab es nur noch etwa 100 Bergzebras in freier Wildbahn, und sie waren vom Aussterben bedroht. Glücklicherweise haben Naturschutzprogramme dazu geführt, dass die Populationszahlen wieder gestiegen sind.

Es gibt zwei verschiedene Unterarten des Bergzebras. Eine lebt in Südafrika (**Kap-Bergzebra**) und die andere im südwestlichen Angola und Namibia (**Hartmann-Bergzebra**). Das Bergzebra ist die kleinste Zebraart und ihr auffälligstes Merkmal ist die Wamme, eine Hautfalte unterhalb des Halses.

Es gibt nicht allzu viele Unterschiede zwischen den beiden Unterarten des Bergzebras. Allerdings ist die Grundfarbe (der Bereich, der nicht gestreift ist) beim Hartmann-Bergzebra etwas brauner.

Bergzebras leben in einer Vielzahl von Lebensräumen, bevorzugen jedoch immer heiße, felsige, bergige Gebiete, insbesondere solche mit vielen Grasarten zum Fressen. Sie leben in Harems, engen sozialen Gruppen, die aus einem Hengst und bis zu fünf Stuten und ihren Nachkommen bestehen.

Ein Kap-Bergzebra.

Von der Geburt bis zum Erwachsensein

Babyzebras gehören zu den süßesten Babys in der Tierwelt, lasst uns also mehr über ihr frühes Leben erfahren

Kleine Zebras werden **Fohlen** genannt.

...

Da Zebras Säugetiere sind, saugen ihre Jungen Milch von ihren Müttern.

...

Die **Tragzeit** (wie lange ein Weibchen schwanger ist) beträgt bei Zebras je nach Art 11-13 Monate.

Eine Stute aus der Prärie, die ihr Fohlen füttert.

Stuten bringen in der Regel alle 2-3 Jahre ein Fohlen zur Welt.

• • •

Weibliche Steppen- und Bergzebras, die in Harems leben, paaren sich nur mit dem dominanten Hengst, während Grevyzebras Weibchen in ihr Territorium locken und nicht an langfristigen Bindungen orientiert sind.

• • •

Wenn Fohlen geboren werden, sind ihre Streifen braun, aber sie verdunkeln sich, wenn sie älter werden.

Es dauert nur sechs Minuten, bis ein neugeborenes Fohlen aufsteht. Nach 20 Minuten können sie laufen, und nach 40 Minuten können sie bereits rennen! Ihre erstaunlich schnelle Entwicklung ist wichtig für ihr Überleben, da Fohlen von der Geburt an durch Raubtiere wie Löwen und Kojoten stark gefährdet sind.

...

Wenn männliche Zebras zwischen einem und drei Jahren alt sind, verlassen sie ihre Familiengruppe und bilden ausschließlich männliche "Junggesellenherden", bis sie alt und stark genug sind, um für Weibchen zu konkurrieren und dominante Hengste zu werden.

Ein Grevyzebrafohlen.

Ein Bergzebrafohlen.

Kap-Bergzebra- und Hartmann-Bergzebra-Fohlen verlassen ihre mütterlichen Herden zu unterschiedlichen Zeiten. Während Kap-Bergzebrafohlen zwischen 13 und 37 Monaten wegziehen, werden Hartmann-Bergzebra Fohlen in der Regel mit etwa 14-16 Monaten aus ihren Gruppen vertrieben.

...

Wenn die Fohlen zum ersten Mal geboren werden, folgen sie allem, was sich bewegt. Deshalb behalten die Mütter sie in den ersten Tagen genau im Auge, um sicherzustellen, dass sie ihren Geruch, ihre Laute und ihr Streifenmuster kennen.

Obwohl Fohlen schon nach wenigen Wochen auf die Weide gehen, werden sie erst im Alter von 8-13 Monaten vollständig von der Muttermilch entwöhnt.

...

Fohlen folgen ihren Müttern und beobachten etwa ein Jahr lang genau, welche Pflanzen sie fressen, um zu wissen, welche sicher sind. Außerdem lernen sie die Wanderrouten und wie sie sich vor Raubtieren schützen können, bevor sie sich auf den Weg machen.

...

Es ist ein hartes Leben für Zebrafohlen, und leider erreichen nur 50 Prozent der Fohlen das Erwachsenenalter.

Fohlen können ihre Mütter an ihren Streifen erkennen. Ihr Muster wird als **Prägung** bezeichnet.

• • •

Bei Steppenzebras und Bergzebras beschützt der gesamte Harem die Fohlen, wenn sie in Gefahr sind. Grevyzebra-Stuten hingegen bilden kleine Gruppen und bringen ihre Fohlen in eine "Kinderstube", die von einem territorialen Männchen bewacht wird, während sie nach Wasser oder Futter suchen.

• • •

Männliche Grevyzebras kümmern sich oft um ein Fohlen, das nicht ihr eigenes ist, während Steppenzebras und Bergzebras keine Fohlen in ihrer Herde tolerieren, die nicht ihre eigenen sind.

Zebras in der Populärkultur

Echt, animiert, modern und uralt – Zebras spielen seit Tausenden Jahren eine wichtige Rolle in der Gesellschaft.

"Zebra" wird im britischen und amerikanischen Englisch unterschiedlich ausgesprochen. Im amerikanischen Englisch wird es mit einem langen ersten Vokal (*zee*-bra) ausgesprochen, während im Britischen ein kurzer Vokal (ze-bra) verwendet wird.

Bild copyright Lanthan2003 @ Wikipedia.

"Hein Daddel", ist seit über zwei Jahrzehnten das Maskottchen des Handball Rekordmeisters THW Kiel - es ist 2,10 Meter groß und eines der bekanntesten Maskottchen der Handball Bundesliga.

• • •

Zebras sind seit Jahrtausenden Teil der afrikanischen Kunst und Kultur. Zum Beispiel gibt es im südlichen Afrika Felszeichnungen von Zebras, die über 28.000 Jahre alt sind!

Eine Steppenzebra-Stute und Fohlen.

Es gibt viele Volksmärchen darüber, wie Zebras ihre Streifen bekommen haben.
Das Volk der San in Namibia erzählt zum Beispiel, dass das Zebra nach einem Kampf mit einem Pavian in einem Feuer verbrannt wurde und seit dem Streifen hat.

• • •

"Ein Mensch ohne Kultur ist wie ein Zebra ohne Streifen" - ist ein weltweit verbreitetes Sprichwort der Massai (einer ethnischen Gruppe aus Teilen Kenias und Tansanias).

Das Steppenzebra ist das Nationaltier von Botswana.

...

Es gibt viele tolle Filme mit animierten Zebras, darunter *Khumba - Das Zebra ohne Streifen am Popo*, *Der König der Löwen, Im Rennstall ist das Zebra los* und *Madagascar*. Welche davon hast du schon gesehen?

...

Die Fernsehserie *Zeo* folgt den Abenteuern eines jungen, fiktiven Zebras namens Zeo.

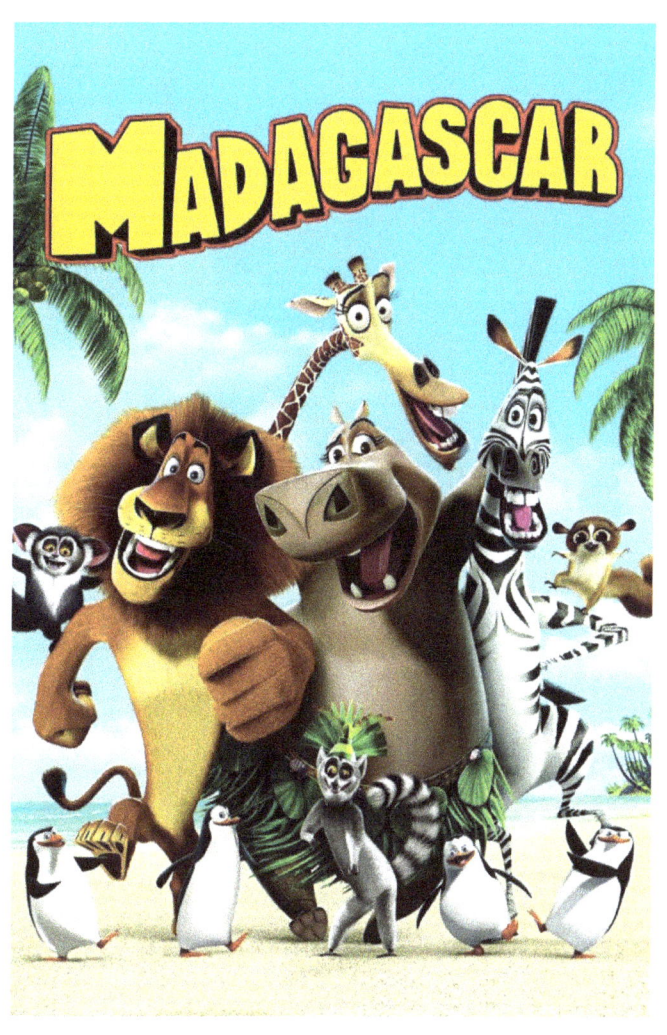

Madagaskar **Filmposter. Kannst du Marty, das Zebra erkennen?**

Urheberrechte © Dreamworks.

Viele berühmte Künstler haben sich von Zebras für ihre Gemälde inspirieren lassen, darunter Christopher Wood, Lucian Freud und Sidney Nolan.

• • •

Zebras sind ein beliebtes Ausstellungsstück in Zoos auf der ganzen Welt. Seit dem Römischen Reich wurden sie in Gefangenschaft gehalten und oft als Geschenk an Könige und Aristokraten weitergegeben.

< **Christopher Woods Gemälde "Zebra und Fallschirm" aus dem Jahr 1930.**

Im Jahr 1762 erhielt Königin Charlotte von England ein Zebra als Hochzeitsgeschenk. Es lebte im Garten des Buckingham Palace, wo Tausende von faszinierten Briten kamen, um es zu sehen.

• • •

Der allererste Zebrastreifen wurde 1951 in Slough, Großbritannien, etabliert. Heute ist er eine der weltweit am häufigsten verwendeten Methoden zur Erhöhung der Verkehrssicherheit.

• • •

Der deutsche Fußballverein MSV Duisburg hat den Spitznamen "Zebras".

Einer der berühmtesten Zebrastreifen der Welt befindet sich in der Abbey Road in London. Weißt du, warum?

Zebras: Naturschutz

Leider sind zwei von drei Zebraarten vom Aussterben bedroht.

Es gibt nur noch etwa 2.000 Grevyzebras in freier Wildbahn, was einem Rückgang von 54 Prozent seit den 1980er Jahren entspricht. Die IUCN sagt, dass die Grevyzebras *"eine der stärksten Verkleinerungen des Verbreitungsgebiets aller afrikanischen Säugetiere erlebt haben"*. Steppenzebras werden als "gefährdet" eingestuft, da es nur noch 9000 Tiere in freier Wildbahn gibt. Obwohl die Zahl der Bergzebras wieder zunimmt, werden sie immernoch als "fast bedroht" eingestuft.

Die größte Bedrohung für Zebras ist der Mensch. Die Jagd und die Zerstörung des Lebensraums durch die Landwirtschaft sind die Hauptprobleme. Zusätzlich spielen Dürreperioden und andere extreme Wetterbedingungen eine Rolle.

Auch wenn das eine traurige Nachricht ist, gibt es noch Hoffnung. Auf der ganzen Welt bemühen sich Schutzprogramme, um den Erhalt der Zebras, sowohl in freier Wildbahn als auch in Gefangenschaft. Zebras sind ein häufiger Anblick in Zoos auf der ganzen Welt, und sie gedeihen gut in Gefangenschaft. Wenn sie gut behandelt werden, leben sie normalerweise 5-10 Jahre länger als in freier Wildbahn.

Ein Grevyzebrafohlen.

Zu den Organisationen, die sich für den Schutz der Zebras einsetzen, gehören die **African Wildlife Foundation, Grevy's Zebra Trust** und der **WWF**. Auf ihren Websites oder in den sozialen Medien kannst du herausfinden, wie du dich engagieren kannst, z. B. durch die Adoption eines Zebras.

ZEBRA-Quiz

Teste jetzt dein Wissen in unserem Zebra-Quiz! Antworten findest du auf Seite 82.

1. Auf welchem Kontinent leben die Zebras?

2. Wie werden männliche und weibliche Zebras genannt?

3. An welchem Tag wird der Internationale Zebra-Tag gefeiert?

4. Kannst du die drei Zebraarten nennen?

5. Wie lautet ein anderer Name für das Steppenzebra?

6. Welche Zebraart ist die Größte?

7. Kannst du die beiden Unterarten des Bergzebras benennen?

8. Die Vorderbeine der Zebras sind länger als ihre Hinterbeine. Richtig oder falsch?

9. Welche Farbe hat die Haut des Zebras?

10. Welche Zebraart hat schärfere und härtere Hufe als die anderen?

11. Zebras fressen gerne Insekten. Richtig oder falsch?

12. Was ist ein anderer Name für eine Zebraherde?

13. Zebras können im Stehen schlafen. Richtig oder falsch?

14. Wie schnell können Zebras laufen?

15. Wie lange ist die Tragzeit von Zebras?

16. Welche Farbe haben die Streifen eines Fohlens, wenn es geboren wird?

17. Wie lange dauert es, bis ein Fohlen läuft?

18. Welches afrikanische Land hat das Steppenzebra als Nationaltier?

19. Wo wurde der allererste Zebrastreifen eingerichtet?

20. Welche Zebraart ist am stärksten vom Aussterben bedroht?

Antworten:

1. Afrika.
2. Männliche heißen Hengste, Weibliche Stuten.
3. 31. Januar.
4. Grevy-, Steppen- und Berg-Zebras.
5. Das gewöhnliche Zebra.
6. Grevyzebra.
7. Kapbergzebra und Hartmanns Bergzebra.
8. Stimmt.
9. Schwarz.
10. Bergzebras.
11. Falsch. Sie sind Pflanzenfresser, das bedeutet, dass sie nur Pflanzen fressen.
12. Eine Blendung.
13. Stimmt.
14. Bis zu 65 km/h.
15. 11-13 Monate.
16. Braun.
17. 40 Minuten.
18. Botswana.
19. Slough, Vereinigtes Königreich.
20. Grevyzebra.

Zebra
WORTSUCHE

Z	Ü	Ä	E	D	Z	Ö	V	R	B	W	P
E	E	F	D	J	F	O	H	L	E	N	J
Y	Y	B	V	Z	A	S	H	T	R	Ä	Y
T	A	F	R	I	K	A	F	E	G	B	T
R	Ü	R	V	A	W	H	T	K	Z	G	Ü
D	Ö	G	E	F	Ä	H	R	D	E	T	N
S	E	Y	G	X	S	A	N	A	B	Ö	B
H	E	N	G	S	T	Ü	T	E	R	Y	C
B	I	N	H	D	Ö	E	F	D	A	E	X
Ä	E	Ü	L	G	F	S	Ä	V	E	U	M
C	B	L	E	N	D	U	N	G	T	R	E
S	W	E	Ö	G	F	D	S	A	N	C	F

Kannst du alle Wörter im Wortsuche Puzzle links finden?

ZEBRA	BERGZEBRA	FOHLEN
AFRIKA	STREIFEN	BLENDUNG
HENGST	GEFÄHRDET	HAREM

Wortsuche Lösung

								B		
Z										
	E				F	O	H	L	E	N
		B						R		
	A	F	R	I	K	A		G		
			A					Z		
		G	E	F	Ä	H	R	D	E	T
							A	B		
H	E	N	G	S	T			R		
							A	E		
									M	
	B	L	E	N	D	U	N	G		

Quellen

Zebra - Wikipedia (2022). Available at: https://en.wikipedia.org/wiki/Zebra (Accessed: 14 April 2022).

Mountain zebra - Wikipedia (2022). Available at: https://en.wikipedia.org/wiki/Mountain_zebra (Accessed: 14 April 2022).

Only, A. (2022) Sophie's Top Ten Interesting Zebra Facts, Sophie Allport®. Available at: https://www.sophieallport.com/blogs/lifestyle/our-top-ten-interesting-zebra-facts (Accessed: 14 April 2022).

Zebra facts for kids | National Geographic Kids (2017). Available at: https://www.natgeokids.com/uk/discover/animals/general-animals/zebra-facts/ (Accessed: 14 April 2022).

Magazine, S. and Daley, J. (2017) Why Horses and Their Ilk Are the Only One-Toed Animals Still Standing, Smithsonian Magazine. Available at: https://www.smithsonianmag.com/smart-news/study-shows-how-horses-ended-only-one-toe-180964618/ (Accessed: 14 April 2022).

Equus zebra (mountain zebra) (2022). Available at: https://animaldiversity.org/accounts/Equus_zebra/ (Accessed: 14 April 2022).

Zebra Facts (2014). Available at: https://www.livescience.com/27443-zebras.html (Accessed: 14 April 2022).

10 Fascinating Facts About Zebras (2022). Available at: https://www.treehugger.com/things-you-didnt-know-about-zebras-4864185 (Accessed: 15 April 2022).

Rare polka-dotted zebra foal photographed in Kenya (2022). Available at: https://www.nationalgeographic.com/animals/article/zebra-pseudo-melanism-kenya-masai (Accessed: 15 April 2022).

Zebra Fact Sheet | Blog | Nature | PBS (2020). Available at: https://www.pbs.org/wnet/nature/blog/zebra-fact-sheet/ (Accessed: 18 April 2022).

7 Facts to Celebrate International Zebra Day! (2019). Available at: https://nationalzoo.si.edu/animals/news/7-facts-celebrate-international-zebra-day (Accessed: 18 April 2022).

How Does an Antelope Take Care of Its Young? (2022). Available at: https://animals.mom.com/antelope-care-its-young-8836.html (Accessed: 18 April 2022).

Wir hoffen du hast ein paar spannende Fakten über Zebras gelernt!

Welcher war dein Favorit? Wir würden das gerne von dir in einer Bewertung erfahren.

Besuche uns auf
www.bellanovabooks.com/books/deutsch
für noch mehr großartige Bücher.

Auch von Jenny Kellett

...und mehr!

www.ingramcontent.com/pod-product-compliance
Lightning Source LLC
LaVergne TN
LVHW050141080526
838202LV00062B/6550